Christmas Time? Nein: Tontopf Time!

Auch schon ganz dem Tontopf-Basteln verfallen? Weil sich aus einfachen Blumentöpfen, ein paar Holzkugeln und Filz die schönsten Krippenfiguren herstellen lassen! Weil man mit ein bisschen Farbe aus jedem Topf eine große winterliche Türsteher-Figur basteln kann! Weil sich selbst aus Scherben noch ein Geweih für einen Elch formen lässt und ein Fisch für den Eisbären. Und weil es einfach Spaß macht zu sehen, wie sich die Kinder mit dem Tontopf-Adventszug jeden Tag mehr auf Weihnachten freuen.

Lange Bastelabende, gute Gesellschaft und viel zu lachen dabei, eine schöne Advents- und Weihnachtszeit

wünscht

Martina Hertel

Werkzeuge & Hilfsmittel

Die Formen, die der Tontopf nicht hergibt, werden aus Scherben geformt, die Sie mit dem **Hammer** und der **Kombizange** oder einer **alten Gartenschere (mit Amboss)** in Form bringen. Keine Angst: Unregelmäßige Formen werden durch die Bemalung kaschiert! Sehr weicher **2-mm-Aluminiumdraht** aus dem Bastelfachgeschäft wird mit der Kombizange geformt und getrennt. Die Kombizange zwickt außerdem auch den **Steckdraht** ab, der zum flexiblen Verbinden der Töpfe verwendet wird. Schwarzblau geglühter Steck- oder Blumendraht kann in einer Stärke von 1 bis 1,2 Millimetern verwendet werden; er ist weich, lässt sich über einem **Bleistift** oder Schraubendreher spiralig biegen, schmückt und hält fest.

Den Bleistift brauchen Sie auch, um vom Vorlagenbogen auf einen **Transparentbogen** z. B. Gesichtskonturen nachzuzeichnen. Anschließend können Sie den Transparentbogen zusammen mit einem **Blaupapier** auf das Werkstück legen und alle Striche nachziehen. **0,15-mm-Aluminiumblech** (Silber) formt z. B. Flicken und Flügel beim großen Engel. **Prägefolie** in verschiedenen Farben wird z. B. beim Adventszug als Verschluss der einzelnen Wagen verwendet. Heißkleber in einer **Heißklebepistole** sichert zusammengestellte Töpfe vor dem Verrutschen, ist aber kein Ersatz für einen guten **Montagekleber,** der Tontöpfe haltbarer klebt.

Einen breiten, flachen und einen schmalen, flachen sowie einen feinen **Pinsel für Acryl-Farbe** sollten Sie sich leisten. **Terrakottastifte in Weiß und Schwarz**, fein und mittel, werden für den Auftrag der feineren Konturen und Gesichter benutzt. Falls Sie Ihr fertiges Projekt durch **Klarlack** noch haltbarer machen wollen, stellen Sie sicher, dass der Lack den Auftrag der Terrakottastifte nicht anlöst. Mit Ihrem Daumen sprühen Sie über eine alten **Zahnbürste** weiße Tupfen auf. Ein bisschen Karminrot auf dem kleinen Finger wischt rote Wangen!

Material

Die **Tontöpfe und -untersetzer** werden jeweils beim Projekt mit **Außen-Durchmesser (oben gemessen)** und Ausführung beschrieben; messen Sie beim Einkauf nach. Als Abstandshalter, Köpfe und Gelenke werden oft **Holzkugeln** in verschiedenen Durchmessern und Lochungen (**VL heißt durchgehendes Loch**, falls es anwendungstechnisch eine Rolle spielt, Halbloch ist immer notwendig!) verwendet. Wasserfeste **Acryl-Bastelfarben** in matter Ausführung in den Farben Karminrot, Ultramarinblau, Goldgelb, zusätzlich Weiß und Schwarz, lassen sich theoretisch zu allen Farbnuancen mischen. **Strukturfarbe** in Weiß simuliert z. B. Schnee.

Schneemann

Farben: Ultramarinblau, Goldgelb, Weiß, Schwarz, Karminrot, Terrakottastifte

Material: Steckdraht, Stoff-/Tuchrest
Holzkugeln: 3x 3,5 cm
Tontöpfe: Scherben, 3x 3,5 cm, 1x 20 cm, 1x 15 cm (Glockentopf), 1x 10 cm

Gar nicht muffig ist dieser Schneemann, trotz seines Muffs aus zwei gegeneinander geklebten 3,5 cm-Töpfen, in die die weiß gefärbten 3,5 cm-Holzkugeln eingeklebt werden. Großer Topf und Glockentopf werden weiß bemalt, in den Randbereichen mogeln Sie etwas Ultramarinblau rein, das gibt dem Ganzen eine gewisse Tiefe. Huttopf und Mufftöpfe sind bis auf die Ränder (weißer Terrakottastift!) Ultramarinblau bemalt, ein bisschen Weiß im Pinsel hebt auch hier die Stimmung!

Der kleine Huttopf bekommt noch eine weiße Holzkugel aufgesetzt (Steckdrahtstück knicken, Mitte ins Loch kleben, im Topf die beiden Steckdrahtenden spreizen) und alle Töpfe werden mit Schwung nach hinten zusammengeklebt. Die Nase und die Kohlen-Knöpfe entstehen aus Scherben und werden wie der Muff aufgeklebt. Ein Tuch wärmt und verbirgt den auffälligen Glockentopfrand. Ein bisschen Karminrot auf dem kleinen Finger ergibt schöne rote Wangen.

Nikolausi

Farben: Karminrot, weiße Strukturfarbe, Weiß, Ultramarinblau, Haut, Schwarz, Terrakottastifte

Material: 2 mm-Aluminiumdraht
Holzkugeln: 3x 50 mm, 4x 15 mm
Tontöpfe: Scherben, 2x 4,5 cm, 2x 5,5 cm, 1x 13 cm (Glockentopf), 1x 13 cm, 1x 17 cm, 1 x 20 cm

Das Loch in der Mützenkugel wird nach dem Bemalen mit Strukturfarbe mit einem in der Mitte geknickten Aludrahtstück bestückt, mit Kleber aufgefüllt und dann die beiden Drahtenden im Glockentopf gespreizt. Zwei rund 30 cm lange Aludrahtstücke werden an einem Ende spiralig gedreht, die hautfarbenen Kugeln aufgefädelt, dann der erste bemalte 5,5 cm Topf. Danach muss der Aludraht wieder je Arm zweimal spiralig verdreht werden, eine 15 mm-Kugel hindert den nächsten (4,5 cm) Topf am Rutschen. Überbrücken Sie mit je einer rot bemalten 15 mm Kugel den Weg bis zur Schulter. Die beiden Drahtenden müssen in das Loch des 17 cm Topfes geführt und dort verbunden und gespreizt werden. Augenbrauen, Nase und Schnurrbart (Topfränder!) entstehen aus Scherben und werden mit Strukturfarbe bemalt. Beim Kleben beachten Sie den Schwung der Töpfe, leicht nach hinten geneigt schaut der Nikolaus seine Betrachter an.

Adventslandschaft

Farben: Schwarz, Weiß, Karminrot, Ultramarinblau, Haut, Dunkelgrün, Gold, Gold-Metallic-Stift, Strukturfarbe, Terrakottastifte

Die Bäume bemalen Sie wie bei der „Baumgruppe". Der Schneemann besteht aus einem 50 mm Kugel-Bauch, einem 35 mm Kugel-Kopf und einem kleinen 35 mm Topf-Hut mit 10 mm Kugel. Nach außen hin mischen Sie ins Weiß ein bisschen Ultramarinblau. Der Hut behält einen terrakottafarbenen Rand, der dann mit dem weißen Stift – wie der große Untersetzer - mit Sternen versehen wird. Die Steckdraht-Klebestelle am Hals verbirgt ein Schal aus einem Stoffrest; eine kleine Scherbe wird zur Karotte konturiert und aufgeklebt. Die kleine Hutkugel erhält ein in der Mitte gebogenes 6 cm Steckdrahtstückchen eingeklebt; die beiden Enden werden dann in den Hut-Topf eingeführt und dort gespreizt und zusätzlich geklebt, genau wie beim Nikolaus, dessen mit Schwarz abgedunkelter karminroter Anstrich weiße Strukturschneeränder erhält. Das hautfarbene Gesicht wird nach dem Bemalen mit den Stiften mit etwas Engelshaar beklebt. Der Engel bekommt eine ultramarinblaue Grundierung, auf die nach dem Trocknen die pastöse Metallicfarbe aufgebracht wird. Goldfarbene Acrylfarbe wird auf die Topfränder aufgetragen. Aus der Goldfolie können Sie neben den Flügeln vier rund 5 mm breite und 150 mm lange Streifen schneiden, sie über einem dünnen Gegenstand (Stift, Stab) spiralig drehen und mittig auf den Kopf kleben. Ein kreisrund gebogenes Gold-Aludrahtstück wird als Heiligenschein in die obere Kugelöffnung geklebt.

Material: weißer Kerzensand, 4 Teelichter, Goldfolie, 2 mm Aludraht in Gold, Engelshaar in Silber, Steckdraht, Band/Stoffrest;
Holzkugeln: 4x 20 mm, 2x 10 mm, 3x 35 (VL) mm, 1x 50 mm;
Tontöpfe: 8x 3,5 cm, 2x 4,5 cm,4x 5,5 cm, 2x 8 cm
Untersetzer: 1x 29 cm, 4x 7 cm

Elchgehänge

Farben: Ultramarinblau, Weiß, weiße Strukturfarbe, Karminrot, Terrakottastifte

Material: Naturbast, Sisalschnur (Wäscheleine),
Tuch/Band/Stoffrest,
2 Silberglocken 25 mm
Holzkugeln: 5x 35 mm
Tontöpfe: viele Scherben aus einem z. B. 20 cm Topf,
1x 8 cm, 1x 13 cm

Das Gesicht des Elchs ist schnell auf den großen Tontopf gemalt; das Ultramarin der Augen lassen Sie mit etwas Weiß im Pinsel leuchten. Die Schneebälle und der Pommel auf der karminroten Weihnachtsmütze werden wie deren Krempe mit weißer Strukturfarbe angelegt. Jetzt ist die Arbeit mit den Scherben angesagt: Aus einem großen Topf (wenig Biegung) gewinnen Sie alle Scherben, die für das Geweih, den Bart (von unten in den Topf einkleben) und die Ohren verwendet werden. Achten Sie beim Geweih auf einen gewissen „Drall" nach oben und bei den Ohren auf die Wölbung nach hinten. Anschließend markieren Sie die Geweihspitzen mit Strukturfarbe. Fädeln Sie drei weiße „Schneebälle" und eine Glocke auf Bast und schieben Sie den Bast in verschiedenen Längen durch eine weitere unbemalte Kugel, die ihren Platz innen im Kopftopf finden soll. Dort beginnen Sie von unten mit einem Sisalknoten, führen das Seil durch den Kopftopf in den Huttopf und von dort durch die Pommelkugel. Ein Stoffrest kaschiert den Topfrand weg!

Eisbär mit Fisch

Farben: Weiß, Ultramarinblau, weiße Strukturfarbe, Karminrot, Maigrün, Terrakottastifte

Material: Zweigstück für Angel, 2 mm Aluminiumdraht Halstuch/Schnupftuch, Steckdraht
Holzkugeln: 2x (VL) 35 mm, 1x 20 mm
Tontöpfe: 1x 22 cm Halbschalentopf, 1x 13 cm Glockentopf, 1x 17 cm Glockentopf, Scherben für Ohren und Fisch

Der Halbschalentopf wird von unten her mit Ultramarinblau im Wellenmuster bemalt; mischen Sie an den hellblauen Stellen einfach Weiß mit hinein. Körper- und Kopftopf müssen mit der weißen Strukturpaste innerhalb der schwarzen Kontur bemalt werden, zu den Rändern hin können Sie die Farbe mit etwas Ultramarinblau abtönen, so tritt die Eisbär-Zeichnung besser hervor; der Rest des Topfes wird weiß.
Der Fisch ist aus Rändern und Resten kleiner Töpfe zusammengeklebt, Maigrün und mit Weiß aufgehelltes Ultramarinblau bemalt und dann an ein rund 50 cm langes, spiralig gedrehtes Aludrahtstück geklebt, dass auf ein 30 cm langes Zweigstücken gedreht wird. Drehen Sie ein Stück Steckdraht spiralig, fädeln Sie die fertig bemalte erste Pfotenkugel auf, umschlingen Sie nun mit dem Draht die Angel und führen Sie ihn durch die zweite Kugel, an deren Ende Sie den Draht wieder spiralig verdrehen. Kleben Sie die beiden Pfoten mit Angel in den Zwischenraum zwischen Boot und Körper. Die Ohren (Wölbung nach hinten) sind grob aus Scherben zurecht "geschnitten" und auf den Kopf geklebt.

Blauer Engel

Farben: Ultramarinblau, Karminrot, Weiß, Terrakottastifte

Material: 0,15 mm Aluminiumblech, 2 mm Aluminiumdraht, Kunststoff-Rosenkugel 15 cm ø
Holzkugeln: 2x 50 mm
Tontopf: 1x (g) 24 cm, Scherbe f. Herz
Untersetzer: 2x 11 cm (Füße)

Bemalen Sie die Rosenkugel nach dem Grundieren in Haut mit blauen Augen, die durch etwas Weiß im Blau lebendiger werden, auch auf der Rosenkugel können Sie nach dem Trocknen der Farbe die Konturen und Lichter der karminroten Lippen und Wangen mit den Terrakottastiften ausführen. Genauso verfahren Sie mit dem Engelkleid, dass mit etwas Weiß im Ultramarin bemalt wird, auf dem Tontopf. Am Kleid werden dann die Alublech-Zacken und Aludraht-Spiralen aufgeklebt; schneiden Sie die Flügel nach Vorlagenbogen aus; Sterne und Konturen malen Sie mit den Terrakottastiften. Die Haare sind aus Alublech: Schneiden Sie rund 8 bis 10 mm breite und 20 bis 28 cm lange Stücke ab und wickeln Sie sie über einen dünnen Stift zu Locken. Die hautfarbenen Holzkugeln erhalten ein jeweils am Ende spiralig gedrehtes Aludrahtstück eingeklebt und werden dann aneinander auf den Bauch des Engels geklebt. Von einem rund 40 cm langen Drahtstück werden 25 cm als Heiligenschein rund gebogen und der Rest um den „Hals“ der Rosenkugel geschlungen. Ein Stück Alublech wird an den Ecken umgebogen und nimmt den Aludraht der Hände auf.

Beschriftet mit den Terrakottastiften und dem Herz aus einer Scherbe wünscht der Engel nun ein „Frohes Fest!“

Frohes
Fest!

Anleitung nächste Seite

Die Krippe

Farben: Haut, Schwarz, Weiß, weiße Strukturfarbe, Goldgelb, Metallic-Stift in Gold, Karminrot, Grau, Terrakottastifte

Material: DIN A4-Filzplatte in Rot und Braun, Mullbinde, Rest naturfarbener Teddyplüsch oder Sisalschnur, Steckdraht, Zweigstückchen, Heu, Stroh
Holzkugeln: 2x 10 mm, 1x 35 mm, 2x 50mm
Tontöpfe: Scherben, 1x 35 cm, 6x 3,5 cm, 5x 5,5 cm, 3x 4,5 cm, 2x 7 cm

Maria und Josef stehen auf 7- und 5,5 cm Töpfen. Maria hat zusätzlich zur 50 mm Kugel als Kopf noch zwei Hände aus 10 mm Kugeln, die auf ein 30 cm Steckdrahtstück gefädelt werden, das – spiralig gedreht – unter dem roten Filzumhang in Schulterhöhe verschwindet. Die Köpfe können Sie durch eingeklebten Steckdraht, der im oberen Topf gespreizt wird, flexibel befestigen. Das Schaf im 5,5 cm Körpertopf mit seinem 4,5 cm Kopf kriegt eine weiße Strukturfärbung, die mit wenig Gelb und Schwarz im Pinsel ein bisschen gedämpft wird. Nach dem Einkleben des Kopftopfes in den Körper kann er mit ein bisschen Plüsch oder ein bisschen aufgedröselter Sisalschnur gefüllt werden. Ochs und Esel haben den gleichen Aufbau: Beinpaare aus 3,5 cm Töpfen, Körper aus 5,5 cm Töpfen, Köpfe aus 4,5 cm Töpfen, Ohren aus Scherben; der Ochse hat zusätzlich noch ein zusammengeklebtes Gehörn aus den Randresten eines 3,5 cm Topfes.

Die Futterkrippe wurde aus einem grob mit der alten Gartenschere geteilten 3,5 cm Topf geformt, die beiden Zweigkreuze - mit Steckdraht umschlungen - stützen. Das Jesuskind ist ein kleiner 3,5 cm Topf, dem eine hautfarbene 35 mm Kugel eingeklebt wurde. Alles wird in eine Mullbinde gewickelt und in eine mit Heu ausgekleidete Tonscherbe geklebt. Der große 35 cm Topf als Stall kann jetzt mit einem schwarzen Rand versehen werden. Auf diesen Rand lassen sich mit dem Metallic-Stift goldfarbene Sterne, mit dem weißen Terrakottastift weiße Sprenkeln aufbringen. Eine unregelmäßige Scherbe wird schwarz grundiert und als goldener Komet aufgeklebt, der Schweif wird goldfarben auf den Topf aufgemalt.

Die heiligen drei Könige

Farben: Goldgelb, Gold, Metallic-Stift in Gold, Dunkelgrün, Karminrot, Violett, Schwarz, Haut, Ultramarinblau, Terrakottastifte

Material: Steckdraht, 2 mm-Aludraht Silber, Silberperlen 4mm, Riffelperle Gold, 10 mm, Glocke Silber, 2,5 cm
Holzkugeln: 6x 10 mm; 3x 50 mm
Tontöpfe: 3x 3,5 cm; 3x 5,5cm, 3x 7cm

Der Körperaufbau ist bei allen dreien gleich, zuunterst ein 7 cm Topf, dann ein 5,5 cm Topf als Oberkörper, eine 50 mm Kugel als Kopf und ein 3,5 cm Topf als Turban oder Krone. Kleben Sie ins Loch der Kopfkugel ein rund 5 cm langes, in der Mitte geknicktes Steckdrahtstück; die beiden Enden werden dann im Oberkörpertopf gespreizt, so sitzt der Kopf sicher und trotzdem flexibel. Die Krone ist golden bemalt und hat Silberperlen aufgeklebt. Der Stab wird flach spiralig gedreht und zwischen die beiden hautfarbenen Hände geklebt, genauso verfahren Sie mit der Riffelperle oder der Silberschelle. Die goldenen Ornamente und Tupfen sind bei allen drei Königen mit einem Metallic-Stift in Gold gemalt, dessen Auftrag plastisch hervortritt. Feine Konturen und Gesichter sind auch auf den Holzkugeln mit den Terrakottastiften gemalt.

Pinguin mit Fisch und Iglus

Farben: Schwarz, Weiß, Goldgelb, Ultramarinblau, Karminrot, weiße Strukturfarbe, Terrakottastifte

Material: Steckdraht, rotes Schnupftuch, rotes Geschenkband
Holzkugel: 1x 50 mm
Tontöpfe: Scherben für Schnabel und Fisch, 1x 21 cm (Rosentopf), 2x 16 cm
für Iglus: 1x 20 cm, 1x 24 cm; Untersetzer: 2x 11 cm

Der 16er Huttopf wird karminrot bemalt, an den „Falten" mischen Sie etwas Schwarz mit in den Pinsel. Die Krempe wird mit Strukturfarbe bemalt, genauso wie die Kugel, die ein Stückchen Steckdraht mittig geknickt eingeklebt bekommt. Die beiden herausschauenden Enden werden nun im Huttopf gespreizt. Der Kopftopf kriegt türkisfarbene Augen, indem Sie ins Ultramarinblau ganz wenig Gelb mischen; Leuchtkraft gibt Weiß im Pinsel. Der Rosentopf trägt die Bauch- und Flügelzeichnung. Der Schnabel ist auf eine Scherbe gemalt und aufgeklebt. Der Pinguin steht auf seinen zwei gelben Untersetzer-Füßen ganz sicher. Der Fisch entsteht Idealerweise aus einer Scherbe vom Topfrand mit Topfrest und aus vier Rändern, die ineinander geklebt werden können. Gut schaut es aus, wenn der Schwanz aus einem Topfboden entsteht. Bemalen Sie den Fisch mit den Schuppen in verschiedenen Blau- und Grüntönen, die dadurch entstehen, dass Sie mal mehr Grün oder mehr Weiß ins Ultramarinblau mischen. Die Iglus grundieren Sie in Hellblau (Ultramarinblau mit Weiß) und setzen dann die „Eissteine" in Weiß auf. Die Topfränder beschneien Sie mit Strukturfarbe, die Eingänge malen Sie mit etwas Weiß im Schwarz.

Nikolaus-Rentier-Gespann

Farben: Karminrot, Schwarz, Weiß, weiße Strukturfarbe, Terrakottastifte

Material: 2 mm-Aluminiumdraht, Glocke Silber, 2,5 cm, Steckdraht, Engelshaar Silber
Holzkugeln: 11x 10 mm, 1x 15 mm, 1x 35 mm
Tontöpfe: Scherben, 2x 5,5 cm, 4x3,5 cm, 2x 4,5 cm
Untersetzer: 1x 11 cm

Für den Nikolaus finden Sie eine Bau- und Malanleitung bei der Adventslandschaft; erweitert wird der Nikolaus nur um rund 30 cm langen Aluminiumdraht, der um den Hals gelegt, auf jeder Seite drei karminrote, eine mit Strukturfarbe und eine hautfarbene Kugel aufnimmt. Die beiden Aludrahtenden werden umgebogen und dann in den Körper (5,5 cm) des Rentiers gesteckt, dessen Kopf (4,5 cm) die Ohrenscherben, die Scherben für das Geweih sowie Haarschopf und die Holzkugelnase (15 mm) trägt.

Der Schlitten kriegt zwei Kufen aus rund 50 cm langen Aludrahtstücken, vorne und hinten spiralig gebogen und unten an den Untersetzer geklebt; durch die vorderen Spiralen können Sie ein in der Mitte geknicktes, ca. 8 cm langes Aludrahtstück schieben, das die Glocke aufnimmt. Ein 5,5 cm Topf mit weiß strukturiertem Rand steht zusammen mit dem Nikolaus im Schlitten und ist für kleine Päckchen da, für Schokolade oder so!

Lebkuchenhaus

Farben: Karminrot, Weiß, Goldgelb, Dunkelgrün, weiße Strukturfarbe, Terrakottastifte

Tontöpfe: Scherben, 1x 11cm, 1x 13 cm, 1x 3,5cm
Untersetzer: 11 cm, 13 cm, 9,5 cm

Nicht viel Malarbeit und eine tolle Kulisse für den Adventszug oder für die Baumgruppe zusammen mit dem Nikolaus-Rentier-Gespann! Der unterste 11er Untersetzer wird dunkelgrün grundiert und mit weißer Strukturfarbe beschneit. Der größere Topf ergibt das Erdgeschoss und wird mit Terrakottastiften konturiert und mit Farbe ausgemalt. Ein Herz, grob aus Scherben „geschnitten", wird über die Tür geklebt. Der große Untersetzer kriegt einen rot-weiß gestreiften Zuckerstangen-Rand und wird ebenfalls mit „Schnee" versehen. Im ersten Stock nun können Sie wieder Scherben verwenden, diesmal als Fensterläden. Das Dach ist aus dem kleinsten Untersetzer, der Schlot aus dem kleinen 3,5 cm Topf.

Farben: Weiß, weiße Strukturfarbe, Goldgelb, Karminrot, Dunkelgrün, Terrakottastifte

Material: Prägefolie in Gold und Rot,
gelbe Holzperlen 5 mm, rote Holzperlen 3 mm
Tontöpfe für die Lok: 1x 8,5 cm, 2x 4,5 cm, 7x 3,5 cm;
je Wagon: 1x 5,5 cm, 4x 3,5 cm (= 24x 5,5 cm, 96x 3,5 cm)
kleine Geschenke oder Süßigkeiten

Der Adventszug

Zugegeben: Ein großes Projekt, aber – wenn die Töpfe heil bleiben – jedes Jahr wieder zu verwenden und ein echter Blickfang über die gesamte Adventszeit!

Beginnen Sie mit dem Zusammenkleben der Achsen, zuerst jeweils zwei 3,5 cm Töpfe an der Unterseite. Dann tragen Sie auf die Ränder („Räder") Strukturfarbe auf. Nach dem Trocknen können Sie für die Wagons jeweils zwei Achsen an den Rädern zusammenkleben. Die Lok erhält einen Kessel aus zwei 4,5 cm Töpfen mit einer dunkelgrünen Girlande bemalt, Strukturschnee aufgetragen und einen rot-weiß gemusterten Schlot aufgeklebt.

Das Führerhaus aus dem 8,5 cm Topf ist mit Goldgelb und Weiß bemalt und – nach dem Bestücken mit den Geschenken oder Süßigkeiten - mit Goldfolie zugeklebt, die anschließend mit Strukturschnee „versiegelt" wird; nur die Zahl 24 wird freigelassen. Ein Achsenpaar wird unter Führerhaus und Kessel geklebt, ein weiteres vorne unter den Kessel. Eine Reihe Holzperlen schmückt die Girlande. Für die Wagons bekleben Sie die 5,5 cm Töpfe nach dem Bestücken abwechselnd mit goldener und roter Folie und tragen die Strukturpaste – die Zahlen jeweils auslassen – auf. Stellen Sie Lok und Achsenpaare in die gewünschte Position und die Container einfach ungeklebt auf die Achsenpaare. Mit einem spitzen Gegenstand kann nun jeden Tag ein Container „geschlachtet" werden. Im nächsten Jahr müssen nur die Folie und der Strukturschneeauftrag (und der Inhalt!) erneuert werden.

Engelklangspiel

Farben: Weiß, Haut, Karminrot, Terrakottastifte

Material: Indianerperlen Bleichgold und Schwarz, 2,5 mm, Silberperlen 4 mm, Glasperlen 5 mm, Goldperlen glatt 10 mm, Perlonfaden ca. 0,80 mm, Holzring 70 mm, Klangstäbeset 6-12 cm, schwarzer Bindfaden, Steckdraht, Goldfolie, 2 mm Aluminiumdraht Silber
Holzkugeln: 1x (VL) 50 mm, 2x 15 mm, 2x 20 mm
Tontöpfe: Scherbe f. Herz; 1x 8,5 cm, 1x 9 cm

Die beiden Kleidtöpfe werden mit Weiß bemalt, die Kugeln für Kopf, Hände und Füße Hautfarben. Die Perlen werden auf den Perlonfaden gefädelt und mit wenig Heißkleber an ihrer Stelle fixiert. Am Rücken wird jede Schlinge (ca. 25 cm) des Perlonfadens festgeklebt. Ein Perlonfaden wird mit Perlen bestückt und dreimal um den unteren Kleidrand geklebt. Hängen Sie die einzelnen Klangstäbe mit Bindfaden an den 70 mm Holzring und kleben Sie den Ring in den Topf ein. Führen Sie ein Steckdrahtstück durch den Kopf und die Töpfe ins Innere, biegen Sie es um und hängen Sie die Beine daran, nachdem Sie ein rund 25 cm langes Aludrahtstück in der Mitte gebogen, spiralig gedreht und die Füße aufgesteckt haben. Biegen Sie ein rund 20 cm langes Aludrahtstück an einem Ende für den Heiligenschein rund, führen Sie das andere Ende am Hinterkopf und schlingen Sie es um den Hals. Die Goldfolie wird in 3 mm dünne Streifen geschnitten, über einem dünnen Stift zu Locken gedreht und kaschiert den Austritt des Steckdrahts am Kopf. Eine Scherbe bekommt ein goldenes Folienherz aufgeklebt und wird zwischen die beiden Handkugeln an den Bauch geklebt.

Ein ENGEL für die OMA!

Baumgruppe mit kleinem Engel

Farben: Dunkelgrün, Weiß, Haut, Strukturfarbe in Weiß, Terrakottastifte

Material: Steckdraht, 2 mm Aludraht in Gold, rote Holzperlen 3mm, gelbe Holzperlen 5mm, Goldfolie, Engelshaar
Holzkugeln: 4x 20 mm
Tontöpfe: 4x 3,5 cm, 4x 5,5 cm, 3x 8 cm, 1x 11 cm

Bemalen Sie alle Töpfe bis auf den Rand in Dunkelgrün; applizieren Sie dort die Strukturfarbe. Die drei kleineren Bäume bekommen eine mit weißem Strukturschnee bemalte 20 mm Kugel aufgesetzt, in die ein in der Mitte geknicktes Steckdrahtstück geklebt wurde, dessen Enden nun im obersten Topf gespreizt und verklebt werden. Mit dem Engelkopf verfahren Sie genauso. Nach dem Zusammensetzen der Bäume sprühen Sie mit weißer Farbe in der Zahnbürste zusätzlich Schnee in der Baummitte auf. Danach wird um den Engel-Baum der goldene Aludraht geschlungen, Anfang und Ende geklebt, die Perlen ebenfalls geklebt genauso wie die Flügel des Engels aus Goldfolie. Ein bisschen Engelshaar und ein Ring aus Aludraht werden nach dem Bemalen des Gesichts auf- und eingeklebt.

Vielseidig Verlag

hier noch mehr Schönes von Martina

Trendiger Tontopf
Neues, Niedliches und Nützliches aus Tontöpfen im Materialmix
ISBN 3-935467-60-5
Best.Nr. 67605

Schaut rein wenn Ihr Euch traut
Gesägtes und Bemaltes in schaurig-schöner Halloween-Herbst Mixtur
ISBN 3-935467-66-4
Best.Nr. 67664

Holz ganz cool
Winter-& Weihnachts-dekorationen für Säge- & Malbegeisterte
ISBN 3-935467-69-9
Best.Nr. 67699

Laubanger 19b 96052 Bamberg **Vielseidig Verlag** GmbH Tel. 0951/ 6 89 97 Fax. 0951/ 60 32 99